AF581536

MIGUEL GARCÍA RAMÍREZ
Derrumbe
Buenos Aires Poetry, 2024
50 pp.; 13,34 cm x 20,32 cm.
ISBN 978-987-8470-91-7
Poesía México

Primera edición

Editorial ©Buenos Aires Poetry

Colección ©Pippa Passes

Diseño editorial ©Camila Evia

BUENOS
AIRES
POETRY

BUENOS AIRES POETRY

editorial@buenosairespoetry.com

www.editorialbuenosairespoetry.com

BUENOS AIRES POETRY
PIPPA PASSES

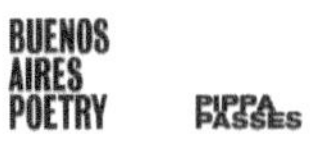

DERRUMBE

MIGUEL GARCÍA RAMÍREZ

Miguel García Ramírez

*

DERRUMBE

*

Esta es mi última transmisión
desde el planeta de los monstruos.

Estrella distante, Roberto Bolaño

Quiero ser el reflejo
de alguna ciudad
que no sepa quién soy.

El colmo, Babasónicos

A Irma García Ramírez, mi madre

Ciudad de México
¿?—2024

ACUMULACIÓN

Apenas y soy 1 herida
recorriendo esta ciudad—monstruo
1 golpecito
en la zona específica
justo donde reposa
aquella lesión mortífera
—esa que se fue oxidando con el pasar de los daños—
            y que punza justo ahí
donde repasamos el dolor
donde rascamos la llaga
hasta convertirla en agujero
o cráter
que después será imposible de curar
o pasar desapercibida

Apenas y soy 1 herida
1 rasponcito
1 llegue
1 leve punzor en la cavidad
sureña de esta ciudad—invencible
donde bebemos a diario para disimular
lo propio pero indescifrable
donde inhalamos sin descanso
el mercurio acumulado
el aire contaminado
acumulado

el veneno dulce de tantas noches
como estas
            que se acumula
mientras 1 observa
la plaza incendiarse
el vagabundo retorcerse
la parejita despedirse
            —por penúltima vez—
o al perro lagrimear por falta de cariño

Apenas y soy 1 herida
que mantiene su forma
su constante dolor   y su presencia
Su magnífica manera
de ir acabando con todo
es decir con éste personaje secundario
que recorre la ciudad—escenario
mientras observa
cómo se van desdibujando sus líneas.

Hotel Río

El amor se nos estrella en la cara
Afuera hay calle y deterioro y música
Despiertas y dices algo
            —que apenas entiendo—
Yo también   respondo
Yo también
No me gustan este tipo de poemas
El amor no cabe en 1 verso
se agiganta
se anticipa   se humedece
se derrumba
Y beso tu pelvis
como quien se aferra
a su última—última oportunidad.

REDIMIRSE

La ceguera persiste
El dolor en los riñones persiste
La comezón persiste
Aún así saco mis mejores aullidos
mis peores pasos de baile
mis más decepcionantes líneas
Y beso en la boca
            —deliberadamente—
al peor de los fraudes
que viene siendo
            el porvenir.

ESCUPITAJO

Nuestra canción laberinto
es esta:
—fornicar en medio de la tormenta
y besar el cuello
de la ventisca
—caminar en círculos
hasta encontrar 1 lugar dónde beber
y desangrarse
—perdonar para traicionar
                        y viceversa
—ir contando las monedas
y decir
chingue su madre
mañana al amanecer
al amanecer
al amanecer
veremos qué sucederá conmigo

Mientras el cuerpo aguante
mientras las articulaciones
aun se compadezcan
                y vuelvan a su sitio
mientras los huesos rechinen
y mi lengua se haga charco
y desprenda
1 escupitajo en boca ajena
                        acción posterior a

1 acaricia repentina
quizás un beso en la misma boca
                                        —vaya atrevimiento—

Nuestra canción laberinto
es esta:
—1 porquería
—1 pedacito de nada
                    apenas
                                        quizás
—1 pellizco y 1 sonrisa
cómplices
de esta sucesión
                    de muerte
                                        inacabada.

LLOVIZNA

A E.R.

Pienso en canciones tuyas
palabras
recorriendo
lo que nunca fuimos
notas
pestañeos
infiernos musicales
títulos
de aquello que pudimos ser

Recuerdo tu sombra
al lado de la mía
éramos niños envejecidos
por la mala decisión
de creer en remedios místicos
satánicos
antropológicos
teatrales
antipoéticos
y tu mano diciéndome
hola o adiós
o hasta nunca
que venía siendo un par de meses
quizás medio año
un año
dos cuando mucho

Y reencontrarnos
sumidos en la miseria
de seguir existiendo
pero resplandecientes
eso sí
Y rencorosos
tramposos   amables
cariñosos
Preguntando malintencionados
el cómo te va
y yo
amiga
que realmente no me interesa tu respuesta
sino verte
y recordar esa adolescencia frustrada
esa tormenta tropical
esa llovizna
esa llamarada
—que seguimos siendo—
Tomar tu mano por algunos segundos
Morir de risa
Oler tu aroma de pan dulce
Y fingir el olvido:
Montar una escena
donde el amor se acaba.

ABSOLUCIÓN

Para Armando Cisneros

Van a decirme joto—marica—etc por dedicarte este poema
pero amigo mío
esta podría ser 1 despedida
1 canción contra la patria
—*que seguimos buscando,*
que seguimos buscando—
O 1 homenaje a los
muertos en los cañaverales
en los festivales del horto
y en las peleas de gallos
1 sueño en el puerto donde miramos culos
y nos arrepentimos de no ser más valientes que esto:
remedos de tripas y ensayos NOacadémicos
en contra del mañoso y roñoso
cirCULITO eurocéntrico
Pero hay más —somos más—
el gancho al hígado del amor indefendible
mujeres que quisimos desde la punta del pie
hasta el desprecio aletargado
—todo por desentendernos
del show sistemático y empalagoso
que viene siendo la ETERNIDAD—

Van a decirme joto por dedicarte este poema
pero amigo mío
esta podría ser 1 despedida

1 veladora prendida en nombre
de aquellas luchas que perdimos
                La boca besada y erosionada
del desencanto latinoamericano
—pero aquí estamos y estuvimos—
bailando en el destierro elegido
para darle frente a los verdaderos traidores
del oxidado circuito comunicativo
                de la cumbia plastificada
del todos y todas somos 1 flor
incapaz de hacerle daño a nadie
y que atraviesan con la espina
al segundo del inocente descuido

Aunque pocas veces nos hemos descuidado

Van a decirme joto—marica—etc por dedicarte este
poema
pero amigo mío
esta podría ser 1 despedida
mi abnegación ante las posibilidades del
NOfuturo
mi canto a las ruinas del amor virulento
y la alta venganza —renunciar a esto último
sí que me revienta—
y claro
mi mera—mera absolución automática
en cuanto termine   este poema.

ANIMAL MARINO

Cae la noche con su puñado
de fantasmas
y me siento de papel—herida abierta
Imagino ser algunas cosas:
otras cavidades, otros cuerpos
Como el de 1 animal marino
                              por decir algo
que ha sido herido por 1 artefacto desconocido
—quizás 1 palabra o 1 lanza,
quizás 1 jeringa contaminada por el desangelado
anhelo de corromper la realidad,
o por 1 simple pedazo de vidrio,
1 corcholata,
o el recuerdo de 1 beso
a mitad de la noche—

Pero vaya montón de heridas que me han hecho

Así pasa la noche,   como una tromba,
arrastrándolo todo,
llevándoselo todo,
dejándome hecho polvo y anhelando ser otra cosa,
otro cuerpo,
otro fantasma
Cómo 1 animal marino, por ejemplo,
es decir poder hacer todo aquello
que jamás pudiese:

por temor a lo incierto,
a lo interminable,
a la muerte y sus tremendas promesas,
a cualquier tipo de derrota,
a las serpientes marinas
Pero sobre todo a renunciar completa y deliberadamente
—y que algo me detenga—

Estoy seguro que aunque me arrojase
al mar
flotaría de recuerdos.

ACICALADA

Me acicalo debajo de la luna
como 1 perro que mira
desde lo lejos
la ciudad incendiarse
Voy lamiendo cada 1 de mis heridas
grietas en la piel
que jamás pudieron cerrarse
cráteres
huecos
mordidas

Me acicalo el cabello
—dice mi madre que salí
a ella
con los pelos delgados
          necios
quebradizos—
y me peino como si llevase
1 eternidad completa encima
de la cabeza:
todas sus ciudades
sus parques
sus encuentros mortales

Me acicalo el cuerpo
me acaricio

me aprieto
me sostengo

Me acicalo la lengua
me corrompo
me desangro
me disuelvo

Y vuelvo de donde sea que viniese
a perder la compostura
a herirme y crearme
a conseguir nuevos conceptos
y definiciones

Volverme 1 mapa
de contradicciones nuevas
y ser   simplemente
como quien se sabe mortal
y destruido.

CAPULLO

A Nallely

Mi lealtad hacia ti fue esperarte para ver juntos
las películas de superhéroes
y darle de comer al perro
y verle a los ojos
tratando de captar sus tristezas
—aunque no pude—
Y fue todo
no pude ser un capullo o un pedacito
de playa
no pude quererte como quien más
como quien se parte a la mitad
para ser otro
y dejar solamente un extremo del cuerpo
—aquel que pudiera valer la pena—

Y fuiste hermana y camino y carcajada
constante
Me viste en una pesadilla o varias
donde te anunciaba mi muerte
—algún chiste hiciste en medio
de la tragedia—
yo reía vislumbrando mi pérdida
que eras tú
que era esa risa rebotando
en las esquinas de un cuarto mohoso
y apaciguando este corazón
de barro quebrado

de pagina húmeda
donde no puede escribirse nada
pero que llevará tu estridente canción
de perros necesitados de cariño
QUE SALVASTE ¡!
QUE SALVASTE ¡!
          y fosforescencias
que alumbraron
hasta el rincón más inhóspito
de 1 habitación al borde del derrumbe
Es todo.

Sin título

Qué ganas de ser otra cosa
otra cosa:
1 animal salvaje
que se restriega
con la hierba húmeda
1 nube que se disuelve
y jamás vuelve
a la misma forma
Apenas 1 llamarada
—que nadie vio
            ni recordará—

Qué ganas de ser otra cosa
otra cosa:
1 roca que azota el viento
1 pestaña pegada en rostro ajeno
1 lenguaje nuevo y diminuto
que 2 amorosos inventan
Y simplemente existir:
breve
callado
desconocido.

CARTOGRAFÍA

"Jamás duró una flor dos primaveras."
De una canción escuchada por ahí
A B.E.

De mí queda tan pero tan poco
apenas los gestos—las sonrisas—los estruendos
que pude sacar de ti
debajo de noches como éstas
Éramos 2 animales temblorosos
que compartían 1 mismo lenguaje:
único—frondoso—irrepetible

Obnubilados
nos acicalábamos el 1 al otro
con palabras y sitios nuevos
Trazábamos 1 cartografía perdida
mapas de 1 continente inventado:
ciudades—pueblos—bosques—
colonias—barrios—habitaciones sin tiempo

Lugares que sólo nosotros
podíamos perpetuar—invadir—detallar—
reconstruir—derrumbar

EN OTRAS PALABRAS:
1 rinconcito fuera del mundo
Al que decidiste no llegar —1 día cualquiera—
así como si nada.

Qué terror o qué tristeza
imaginar
que alguien pueda esperar
algo de mi parte
Así como yo espero
tus palabras.

INVENTARIO

He perdido
Inevitablemente
He perdido
Estoy solo y descarriado—
ausente—distraído—
descifrable
No hay más misterio en mí que la derrota
Y seco traigo el corazón y mallugado el cuerpo
Pero me queda esto
Pero me queda esto
Y aquel paisaje donde metimos mano a las nubes
Aquel cielo violáceo
que miré desde el asombro   y la *saudade*
Aquellas pequeñas manos
pálidas y frías —exactamente del tamaño de las mías—
que acaricié y sujeté con fuerza
        aunque me abandonaron luego
Aquel despilfarro de amaneceres con
el estómago destrozado y los labios mordidos
Aquellas correteadas que nos dio el hambre
y la imposibilidad de los sueños
        mientras embriagados y virulentos
y atiborrados de injurias
        cantábamos a la noche
sin pensar en las consecuencias
He perdido
Inevitablemente

He perdido
Estoy solo y descarriado—
ausente—distraído—
descifrable
Pero me queda esto
Pero me queda esto.

No me arañes
No me silbes
No frotes tu cuerpo
con mis piernas
—como 1 perro abandonado
y necesitado de cariño—
No me acaricies la espalda
No me llames No me llames No me llames
No lloriquees
para que voltee y te mire
y atienda tu llamado
perverso
No
Esta noche no
PoeSÍa
Quedaría devastado
destartalado
erosionado
y necio
Dispuesto a entregarlo todo nuevamente.

VISLUMBRE

Para Ximena Cornejo

Amiga
hay una dulzura en ti
que no comprendo
Mira cómo la ciudad nos quema las plantas de los pies
Mira cómo nos pasan rozando
            las palabras oxidadas
—destajando la piel—
Mira cómo nos destripan las traiciones
de aquellos/aquellas
                        que tanto quisimos
Ay ¡!
Cómo sostenemos esos amores
que nos están dejando en los huesos
Amiga
y tu ternura sigue ahí:
INTACTA

Mira cómo los vapores cancerígenos
                        atañen
nuestra memoria
Mira cómo
Mira cómo las árboles se incendian
y sucumben ante la mano civilizadora
Mira cómo mi bondad se desvanece
Mira cómo el cielo se tiñe de colores siniestros

Y tú
amiga
con la idéntica dulzura
de la mirada de una niña
que observa el mar por vez primera
y piensa
que todo cabe en una nube

Puede que tengas razón.

*DERRUMBE/ Ilustración por Ximena Cornejo

DERRUMBE

Discúlpame madre
por ser 1 derrumbe
Algo que se evapora
o se disuelve
Algo que cae y que agoniza
antes
de hacerse añicos
Algo que lagrimea
cuando observa
el indescriptible color
de la noche

Discúlpame madre
por ser 1 derrumbe
por amar despiadadamente
con el corazón bañado
en gasolina
y en la mano un cerillo
que no enciende
—1 chispa
bastará para sanarme—

Discúlpame madre
por ser 1 derrumbe
1 canción en medio
de la noche

—que apenas algunos tercos/moribundos/suicidas
alcanzarán a escuchar—

Discúlpame madre por ser apenas
y a duras penas
1 sitio inhabitable
1 caricia a sabiendas
que absolutamente todo
todo
está perdido
1 marejada violenta
de mentiras y carcajadas
1 niño que saltó al precipicio
—al darse cuenta
            que su madre
también lloraba
ante el inevitable derrumbe—.

VACÍO

En memoria de Andresito Caicedo

He sido
No tengo palabras
Vacío traigo el corazón
y los bolsillos
Vacío traigo el lenguaje
de tanto reinventarse
para entenderme
con personas
que se marcharon
sin previo aviso
Vacía la noche
Vacía mis ganas de existir
ante la pesadumbre
del no—futuro
Vacío mi canto
Vacío mi sueño
Vacío mi cuerpo
Vacío este poema que
me recuerda
1 tierno relato
de Andrés Caicedo
donde 1 jovencito
describe la ciudad
vacía
tras haber pasado el día
con su enamorada

y tras haber hecho el amor
por primera vez

Vacío estoy
ni relato
ni ciudad
ni enamorada
Vacío el amor
de tanto haberlo gastado
en noches como estas
cuando la nostalgia dispara
a quemarropa
Vacías las ganas de pedir
disculpas por algo
que ni siquiera cometí
Vacío el tiempo
que pude tomar 1 mano
que jamás quise soltar
Vacío el frasco
que mi madre lleno
de miel y esperanzas
Vacía la calle donde
descifre la historia
de los que tenemos
1 lugar apartado en el infierno
Vacía la vida
Vacía la noche
Vacía la página
Y sin embargo
He sido

1 cúmulo de vaciedades
1 corazón afiebrado
1 palabra
1 señalamiento
1 nombre.

LA NOCHE ME HA MATADO

Escuchas un chingo de alarmas
y sirenas
y voces desconocidas
Después 1 mar de silencio

La noche me ha matado

Si escuchas llorar a mi madre
Si escuchas llorar
Si escuchas

La noche me ha matado

Si encuentras 1 sucesión
de palabras que no existen
entre aquellas páginas
de alguna novela escrita por 1 autor
sueco—británico—checoslovaco—australiano
que narra 1 montón de dolores
que desconoce brutalmente

LA NOCHE ME HA MATADO

Si escuchas gritos que vienen de ninguna parte
o sientes 1 lágrima rodar
hasta llegar a la comisura de tus labios
—sin aparente razón alguna—

LA NOCHE ME HA MATADO

Si mis amistades te llaman
y preguntan
si acaso eres aquella
por quien me arrancaba los párpados
bebiendo aguarrás
mientras observaba a los jóvenes
envenenarse de tiempo
Y sonríes tímidamente
—asientes—
para después escuchar 1 sollozo
a medio construir

LA NOCHE ME HA MATADO

Mi madre llorará todo aquello
que se venía guardado
desde hace más de treinta años
cuando se dio cuenta que la vida
era 1 novela siniestra
donde los personajes
lo pierden absolutamente todo
Pero mi madre cerró la novela
antes de conocer aquel terrible final
—no sin antes guardar 1 flor entre las páginas—

LA NOCHE ME HA MATADO

Algunas mujeres llorarán mi partida
otras cuantas
seguro harán 1 fiesta interminable
y mi corazón descansará como nunca pudo hacerlo
Habrá música
Habrán botellas a montones
Habrá silencio
y música otra vez
Y la noche será 1 cúmulo de estrellas
que nunca pude ver

LA NOCHE ME HA MATADO

Y llevaré conmigo aquella voz dulce y compasiva
que antes de cruzar la calle
y desaparecer para siempre
dijo:
"siento un hueco en el pecho"
Y guardé silencio
porque sabía que absolutamente todo
todo
estaba perdido
Era 1 noche muy pero muy parecida a esta.

He sido
Soy ahora
otro.

02 de julio del 2024
Ciudad de México, México

Sobre el autor

Miguel García Ramírez (CDMX, 1993). Escritor y fotógrafo mexicano. Autor de los libros *Carta de renuncia* (UACM, 2024); *Poemas mal-habidos* (Pez Ciego, 2020); y de la plaquette *El corazón afiebrado* (Granuja, 2022). Me han publicado poemas, cuentos cortos y ensayos en diversas revistas literarias independientes como Monodemonio, Estrépito, Escrófula, Revista Tóxicxs (Santiago del Estero, Argentina), Revista Carcaj (Valparaíso, Chile), Digo.Palabra.Txt (Caracas, Venezuela) entre otras. Actualmente culminando la licenciatura en Creación Literaria por la Universidad Autónoma de la Ciudad de México (UACM).

Septiembre 2024
Buenos Aires Poetry
www.editorialbuenosairespoetry.com

www.ingramcontent.com/pod-product-compliance
Lightning Source LLC
LaVergne TN
LVHW041254150826
845673LV00008B/2590

* 9 7 8 9 8 7 8 4 7 0 9 1 7 *